BEI GRIN MACHT SICH IHR WISSEN BEZAHLT

- Wir veröffentlichen Ihre Hausarbeit,
  Bachelor- und Masterarbeit

- Ihr eigenes eBook und Buch -
  weltweit in allen wichtigen Shops

- Verdienen Sie an jedem Verkauf

Jetzt bei www.GRIN.com hochladen und kostenlos publizieren

Adam Staisch

Aus der Reihe: e-fellows.net stipendiaten-wissen

e-fellows.net (Hrsg.)

Band 14

Kontextuelle Information

GRIN Verlag

Bibliografische Information der Deutschen Nationalbibliothek:

Die Deutsche Bibliothek verzeichnet diese Publikation in der Deutschen National-
bibliografie; detaillierte bibliografische Daten sind im Internet über http://dnb.d-
nb.de/ abrufbar.

Impressum:

Copyright © 2011 GRIN Verlag GmbH
Druck und Bindung: Books on Demand GmbH, Norderstedt Germany
ISBN: 978-3-640-94287-9

Dieses Buch bei GRIN:

http://www.grin.com/de/e-book/173981/kontextuelle-information

GRIN - Your knowledge has value

Der GRIN Verlag publiziert seit 1998 wissenschaftliche Arbeiten von Studenten, Hochschullehrern und anderen Akademikern als eBook und gedrucktes Buch. Die Verlagswebsite www.grin.com ist die ideale Plattform zur Veröffentlichung von Hausarbeiten, Abschlussarbeiten, wissenschaftlichen Aufsätzen, Dissertationen und Fachbüchern.

Besuchen Sie uns im Internet:

http://www.grin.com/

http://www.facebook.com/grincom

http://www.twitter.com/grin_com

Kontextuelle Information

Adam Staisch

Student Wirtschaftsinformatik, Hochschule München, E-Mail: adam@staisch.net

Kurzfassung—Dieses Dokument wurde im Rahmen des Seminars „Mobile, kontextbasierte und intelligente Systeme" an der Hochschule München verfasst und beschäftigt sich mit dem Forschungsgebiet der kontextuellen Informationen. Dazu werden der Ursprung und der Begriff der kontextuellen Information ausgearbeitet. Die Seminararbeit beschreibt anhand von drei unterschiedlichen Forschungsprojekten wie durch kontextuelle Information ein konkreter Vorteil für den Anwender erzeugt wird. Im letzten Teil werden Überlegungen zu möglichen Herausforderungen und zukünftigen Forschungsprojekten angestellt.

Schlüsselwörter—Kontextuelle Informationen, Kontext, Forschungsprojekte, Mobile Systeme, Hochschule München

I. Einführung und Motivation

Die kontinuierliche Entwicklung von Anwendungen ermöglichte in den vergangenen Jahren das Entstehen eines neuen Erlebnisses für Anwender. Computer werden immer leichter und kleiner, während gleichzeitig die Übertragungsgeschwindigkeit von drahtlosen Netzen weiter zunimmt. Einige Anwendungen sind inzwischen in der Lage, Informationen zu nutzen, die sie aus ihrer Umgebung entnehmen können. Diese Informationen könnten für Dienste genutzt werden, die sich an den Anwender und dessen Interessen anpassen. Für diese Anpassung wird der sogenannte Kontext des Anwenders berücksichtigt, welcher Eigenschaften des Anwenders sowie seiner Ressourcen beschreibt. Der Einsatzbereich für solche kontextsensitiven Anwendungen erstreckt sich dabei von professionellen Anwendungen, beispielsweise im Tourismus, über mobile Fahrassistenz-Systeme bis hin zu Anwendungen zur persönlichen Organisation. Kontextsensitive Anwendungen sind besonders bei der Nutzung mobiler Geräte von großem Interesse. Mobile Geräte ermöglichen dem Anwender eine maximale Bewegungsfreiheit. Hierdurch erhält der Anwender jederzeit und überall Zugriff auf Unternehmens-, persönliche oder öffentlich verfügbare Daten [1]. Die Mobilität führt aber dazu, dass der Kontext eines Anwenders wie zum Beispiel sein Aufenthaltsort oder die Personen und Objekte in seiner Umgebung sich schnell ändern kann.

Eine Frage, die sich dabei stellt, ist, wie man den mobilen Geräten beibringen kann auf die gleiche Art und Weise auf Kontext zu reagieren wie wir Anwender. Ein großer Vorteil von uns Menschen ist der natürliche Umgang mit Kontext. Jeder Anwender kann den Kontext, in dem er sich gerade befindet, präzise erfassen und interpretieren. Deshalb könnte die Antwort auf die vorhin gestellte Frage die Kommunikation von Anwender und System deutlich verbessern und zu einer hohen Benutzerfreundlichkeit führen.

Der falsche Weg dabei wäre den Anwender dazu zu bringen, alle benötigten Informationen in den Computer manuell einzupflegen. Dies würde nicht zu der Vorgabe, eine einfachere Kommunikation zwischen Anwender und System, passen. Zudem wüssten die allermeisten Anwender nicht genau, welcher Kontext gerade relevant für die Anwendung ist und könnten ihn nicht explizit angeben. Stattdessen müssen die Anwendungen selbständig alle benötigten Informationen erfassen und sammeln. Der Entwickler einer kontextsensitiven Anwendung kann seinen Fokus auf das Analysieren der Situation legen, unter welcher die Anwendung gerade ausgeführt wird. Damit wird entschieden, welche Information für den Anwender relevant ist und passend aufgearbeitet werden muss [2]. Dabei ist die Relevanz der Informationen wiederum abhängig vom Kontext, in dem sich der Anwender gerade befindet.

Es existieren bereits viele Versuche von Wissenschaftlern, Kontext und die kontextsensitive Anwendungsentwicklung zu definieren sowie Kategorien für kontextsensitive Anwendungen zu finden. Diese Seminararbeit versucht einen Überblick über die wichtigsten Ausarbeitungen zu geben und geht dabei im Speziellen auf den Ursprung und Begriff der kontextuellen Informationen als eine Kategorie von kontextsensitiven Anwendungen ein. Dazu wird anhand von drei ausgewählten Forschungsprojekten praktisch dargestellt, wo durch kontextuelle Informationen ein Vorteil für den Anwender erzeugt wird.

II. Definition von Kontext

Um den Begriff der kontextuellen Information zu verstehen sollten wir zunächst Kontext beschreiben und erklären können. Das Wort „Kontext" ist im Duden [3] als „inhaltlicher Sinnzusammenhang, in dem eine Äußerung steht, und Situationszusammenhang, aus dem heraus sie verstanden werden muss" definiert. Da dies eine generelle sprachwissenschaftliche Definition ist, hilft sie uns hier nicht weiter. Eine weitere Problematik ist der Gebrauch des Begriffs „Kontext". Dieser neigt dazu unklar zu sein, da alles in der Welt in einem bestimmten Kontext passiert. Im Folgenden konzentrieren wir uns auf den Kontext der von Anwendungen für mobile Geräte benutzt wird.

A. Erste Definitionen

In der Wissenschaft gibt es viele Versuche Kontext zu definieren. Während die meisten Menschen im Groben die Bedeutung von Kontext verstehen, fällt es Ihnen schwer diesen genau zu erklären. Die ersten Definitionen sind daher Aufzählungen von Beispielen oder Synonyme für Kontext.

Schilit und Theimer [4] sagen in einem der ersten Werke zu diesem Thema, dass Kontext Ort, Identität von Personen und Objekte in der Umgebung und deren Dynamik ist. Ähnlich gehen auch Brown et al. [5] vor. Sie definieren Kontext ebenfalls als Ort und Identität von Personen in der Umgebung. Weiter aber auch als die aktuelle Tageszeit, Jahreszeit, Temperatur, etc. Diese Definitionen, die Kontext mit Beispielen erklären, haben aber den gravierenden Nachteil nicht immer anwendbar zu sein. Es ist praktisch nicht möglich eine nicht aufgelistete Information dahingehend zu bewerten, ob diese zum Kontext gehört.

B. Synonyme

Wie bereits erwähnt, wird Kontext auch über Synonyme definiert. Franklin und Flachsbart [6] sehen Kontext als Situation des Anwenders. Brown [7] hingegen sagt, Kontext seien die Elemente der Anwenderumgebung, die der verwendete Computer kennt. Wie bei den Definitionen von Kontext anhand von Beispielen, sind diese hier in der Praxis oftmals schwer anwendbar. Des Weiteren verschiebt sich das Problem. Man müsste jetzt das verwendete Synonym definieren.

C. Definition nach Schilit et al.

Die Ausarbeitung von Schilit et al. [8] kommt daher schon näher an das Ziel einer Definition von allgemeiner Form. Die Autoren definieren Kontext als die ständig wechselnde und ausführbare Umgebung. Dabei teilen sie die Umgebung in drei Kategorien auf:

- *Computing context* - Damit ist die technische Umgebung gemeint. Netzwerkverbindung, Bandbreite, Kosten aber auch naheliegende Ressourcen wie Drucker, Bildschirme und PC-Arbeitsplätze.
- *User context* - Betrachtet die Benutzerumgebung. Ort des Anwenders, umgebende Personen, aber auch die aktuellen soziale Situation.
- *Physical context* - Informationen die aus Sensoren gewonnen werden. Helligkeit, Geräuschpegel oder Temperatur.

G. Chen und D. Kotz [1] fügen in ihrer Arbeit dieser Kategorisierung noch eine weitere hinzu. Die Zeit wird als vierter Punkt mit aufgenommen, da Zeit ein natürliches Element und deshalb wichtig für viele Anwendungen ist.

- *Time context* - Angaben zur aktuellen Tageszeit, Woche, Monat und Jahreszeit.

Diese Definitionen vermitteln uns bereits ein gutes Grundverständnis von Kontext, sind jedoch noch zu speziell gehalten. Wir können nicht alle möglichen Aspekte für die unterschiedlichsten Situationen, in der sich ein Anwender gerade befindet, aufzählen. In einem Fall beispielsweise ist die physikalische Umgebung von sehr großer Bedeutung, in

einem anderen Fall kann diese komplett ignoriert werden. Für eine Navigationsanwendung ist der Ort als Kontext erforderlich. Hingegen für Anwendungen die mit einem stationären Gerät verknüpft sind, ist dieser nicht relevant. Es muss also bei der Erfassung der aktuelle Anwendungsfall herangezogen werden.

D. Definition nach Dey und Abwod

Die am häufigsten zitierte Definition von Kontext in der Wissenschaft liefern Anind K. Dey und Gregory D. Abowd:

Context is any information that can be used to characterize the situation of an entity. An entity is a person, place, or object that is considered relevant to the interaction between a user and an application, including the user and applications themselves [2].

Sinngemäß übersetzt bedeutet dies: Kontext ist jede Information, welche dazu benutzt werden kann, die Situation einer Entität zu beschreiben. Eine Entität ist eine Person, ein Ort oder ein Objekt, die für die Interaktion zwischen Anwender und Anwendung erheblich ist, einschließlich des Anwenders und der Anwendung selbst.

Durch die allgemeine Form hat die Definition den Vorteil, die Wichtigkeit der Informationen in den Vordergrund zu stellen. Dey und Abowd teilen die Umgebung dazu nicht in Kategorien auf. Auch auf das Unterstützen anhand von Beispielen wird verzichtet. Weiterhin entscheidet der Entwickler hier selbst, welche Informationen er als Kontext verwendet. Dabei wird auch nicht unterschieden, ob der Kontext implizit, zum Beispiel über Sensoren, oder explizit, zum Beispiel durch eine Anwendereingabe festgestellt wird.

Da wir jetzt eine Vorstellung davon haben, was Kontext ist, können wir uns damit beschäftigen wie Kontext in mobilen Anwendungen verwendet werden kann.

III. DEFINITION VON KONTEXTSENSITIVEN ANWENDUNGEN

Kontextsensitive Anwendungen beziehen sich immer auf die verfügbaren Informationen des aktuellen Kontextes. Wie man diese Informationen am effektivsten nutzt, ist eine große Herausforderung für Programmierer, die unterschiedlich bewertet und deshalb hier geklärt wird.

A. Schilit und Theimer

Auch hier liefern Schilit und Theimer [4] eine der ersten Definitionen für Kontextsensitive Anwendungen. Nach ihrem Verständnis aus dem Jahr 1994 sind Anwendungen kontextbasiert wenn sie die Fähigkeit besitzen eine Anpassung an den Ort der Nutzung, den Personen und Objekten in der Umgebung und deren ständigen Veränderungen, also der Dynamik, vorzunehmen. Diese Definition beschränkt implizit die Anwendungen dahin gehend, dass diese sich nur an den aktuellen Kontext anpassen können.

Hull et al. [9] definieren Kontextsensitivität als die Möglichkeit der mobilen Systeme den Kontext zu erfassen, zu interpretieren und eine passende Antwort bzw. Auswertung für die lokale Benutzerumgebung und sich selbst zu generieren.

B. Dey und Abowd

Dey und Abowd wählen für ihre Definition wieder eine allgemeinere Form als die vorherigen Wissenschaftler. Das führt dazu, dass auch diese die am häufigsten zitierte Definition zur Kontextsensitivität ist:

A system is context-aware if it uses context to provide relevant information and/or services to the user, where relevancy depends on the user's task [2].

Sinngemäß übersetzt: Ein System ist kontextbasiert, wenn es Kontext benutzt, um dem Benutzer relevante Informationen oder Dienste zur Verfügung zu stellen. Die Relevanz hängt von der Aufgabe ab, die der Anwender ausführt.

Diese Definition legt den Fokus auf die Relevanz für den Anwender unter Abhängigkeit seiner Aufgabe. Auf diese Weise wird der Anwender nur mit Informationen konfrontiert, die für ihn von Bedeutung sind. Des Weiteren muss nach dieser Definition das System den Kontext nur auswerten. Dies erlaubt, anderes als bei Hull et al., das Erfassen und Interpretieren des Kontextes anderen Diensten zu überlassen.

IV. KATEGORIEN VON KONTEXTSENSITIVEN ANWENDUNGEN

Um den Begriff der kontextuellen Information zu definieren ist es weitergehend sinnvoll, kontextsensitive Anwendungen und deren Eigenschaften in Kategorien einzuteilen. Wie wir gleich sehen werden, führt eben diese Einteilung zwangsläufig zu den kontextuellen Informationen und deren Bedeutung.

A. Schilit et al.

Schilit et al. schlagen in ihrer Ausarbeitung eine Tabelle mit zwei rechtwinkligen Achsen vor. Eine Achse unterscheidet Anwendungen nach ihrer Aufgabe. Dazu zählt auf der einen Seite das Bereitstellen von Informationen, auf der anderen Seite das Ausführen eines Befehls. Die andere Achse hingegen unterscheidet ob diese Aufgabe manuell oder automatisch ausgeführt wird. Diese Einteilung führt zu vier Kategorien von kontextsensitiven Anwendungen (Abbildung 1).

	manual	automatic
information	proximate selection & contextual information	automatic contextual reconfiguration
command	contextual commands	context-triggerd actions

Abbildung 1: Kategorisierung von Kontextsensitiven Anwendungen, Quelle: [8]

Diese Klassifizierung von Schilit et al. ist mit Unterstützung des ParcTab-Projekts[1] von Xerox entstanden. Der ParcTab ist ein Personal Digital Assistant (PDA), der über eine Infrarot Schnittstelle mit seiner Umgebung kommuniziert. Bei der

Umgebung handelt es sich in diesem konkreten Fall um einen Bürokomplex mit mehreren Räumen. Jeder Raum stellt dabei eine geschlossene Kommunikationszelle dar.

B. Praktische Beispiele nach Schilit et. al

Im Folgenden werden die einzelnen Kategorien kontextsensitiver Anwendungen von Schilit et al. durch Beispiele genauer erläutert. Dabei wird die Klassifizierung des manuellen Informationszugriffes zunächst außer Acht gelassen. Diese wird ausführlich im nächsten Kapitel beschrieben.

Automatic contextual reconfiguration. Damit werden Anwendungen klassifiziert, die Komponenten bei einem wechselnden Kontext automatisch hinzufügen oder entfernen können. In den Räumen des Bürokomplexes gibt es jeweils eine virtuelle Tafel, die dazu benutzt werden kann, Informationen auszutauschen. Sobald ein Anwender mit seinem mobilen Gerät einen Raum betritt, wird ihm diese virtuelle Tafel auf seinem Bildschirm angezeigt. Somit können zum Beispiel gemeinsam Dokumente angezeigt oder bearbeitet werden. Falls der Anwender den Raum wechselt, ändert sich automatisch die Anzeige seines mobilen Gerätes. Die automatische Konfiguration kann aber auch auf anderen Kontextinformationen, wie zum Beispiel den Personen in der Umgebung, basieren.

Contextual commands. Darunter sind Anwendungen zu verstehen, die abhängig vom Kontext, in dem sie verwendet werden, unterschiedliche Ergebnisse erzeugen. Dazu unterscheidet man zwei Fälle: Ein Anwender sitzt in der Mitte eines Besprechungsraumes des Bürokomplexes und bestätigt die „Anzeigen" Schaltfläche seines mobilen Gerätes. Das gerade geöffnete Dokument wird an die vorher erwähnte virtuelle Tafel gesendet und auf dieser angezeigt. Dieselbe Tätigkeit an seinem eigentlichen Arbeitsplatz unmittelbar neben einem Desktop-PC hat zur Folge, dass jetzt der PC-Bildschirm das Dokument darstellt. Des Weiteren kann sich das Aussehen der Anwendung ändern. Ein Anwender betritt die unternehmenseigene Bibliothek. Sein mobiles Gerät zeigt in dessen Zusammenhang eine Schaltfläche zur Literaturrecherche an.

Context-triggerd actions. Anwendungen in dieser Kategorie führen Aktionen automatisch aus, wenn sich der Kontext entsprechend ändert, in denen sie ausgeführt werden. Dies wird mittels einfacher Wenn-Dann Regeln realisiert. Der Anwender kann so zum Beispiel der automatischen Erinnerungsfunktion auf seinem mobilen Gerät eine genauere Anweisung zum Eintreten angeben. Eine Benachrichtigung kann in Abhängigkeit ausgelöst werden, wann, wo, wer und was mit dem Anwender gerade in Bezug steht. „Das nächste Mal in der Bibliothek", „Das nächste Mal wenn Barney da ist", „Sobald mein Arbeitsplatz in der Nähe ist", um beispielhaft mögliche Anweisungen zu nennen.

---

[1] Vgl. hierzu [21], [22].

V. KONTEXTUELLE INFORMATION

Die Kategorie des manuellen Informationszugriffes ist durch Schilit et al. [8] nochmals in zwei Unterpunkte gegliedert worden. Beide Unterpunkte können zusammenfassend als kontextuelle Information verstanden werden. Der genaue Unterschied wird in diesem Kapitel herausgearbeitet.

A. Proximate selection

Diese Anwendungen heben nahe gelegene Objekte von Interesse in der Umgebung besonders hervor, damit ein Anwender sie visuell leichter erfassen und manuell auswählen kann. Hierbei kann man diese Objekte nach drei Arten unterscheiden: Zunächst einmal sind Ein- und Ausgabegeräte von Bedeutung. Dazu zählen zum Beispiel Drucker, Bildschirme, Lautsprecher oder Kameras. Aber auch die mobilen Geräte der Personen, die sich im selben Raum befinden, sind hier zu nennen. Diesen Geräten kann man dann zum Beispiel ein Dokument oder Bild zur weiteren Bearbeitung übermitteln. Zum zweiten Teil gehören immaterielle Objekte und Dienste, die an bestimmten Orten in Anspruch genommen werden. Es handelt sich hierbei beispielsweise um Speisepläne, Abfrage der Dienstzeit oder Arbeitsplatzvorschriften. Als letzte Art von Objekten werden Orte gezählt, die außerhalb des gewohnten Bürokomplexes liegen. Das können Restaurants, Nachtclubs, Tankstellen oder Supermärkte sein.

Für die effiziente Auswahl von beispielsweise Druckern kann als Kriterium Lage und Entfernung vom Anwender zum Gerät benutzt werden. Dabei spielt auch die Darstellung der Informationen auf dem mobilen Gerät eine wichtige Rolle. Abbildung 2 zeigt vier verschieden Möglichkeiten.

Name	Room	Distance
caps	35-2-2-00	200ft
claudia	35-2-1-08	30ft
perfector	35-2-3-01	20ft
snoball	35-2-1-03	100ft
(a)		

Distance	Name	Room
20ft	perfector	35-2-3-01
30ft	claudia	35-2-1-08
100ft	snoball	35-2-1-03
200ft	caps	35-2-2-00
(b)		

Name	Room	Distance
caps	35-2-2-00	200ft
claudia	**35-2-1-08**	**30ft**
perfector	**35-2-3-01**	**20ft**
snoball	35-2-1-03	100ft
(c)		

Name	Room	Distance
caps	35-2-2-00	200ft
claudia	35-2-1-08	30ft
perfector	35-2-3-01	20ft
snoball	35-2-1-03	100ft
(d)		

Abbildung 2: Möglichkeiten zur Darstellung Kontextueller Information, Quelle: [8]

Tabelle (a) zeigt dem Anwender alle nahegelegenen Drucker in alphabetischer Reihenfolge an. In (b) würde der Anwender sofort an erster Stelle den von ihm aus nächsten Drucker sehen. Möglichkeit (c) und (d) nutzen jeweils die grafischen Optionen des mobilen Gerätes aus. Die nächsten Drucker sind in fetter bzw. in größerer Schrift hervorgehoben.

Neben der optimalen Darstellung der Informationen ist das Beachten und Ermitteln der geforderten Granularität ein weiterer wichtiger Faktor. Dargestellte Informationen, die sich schnell ändern, bedeuten bei einer hohen Aktualisierungsrate eine große Belastung für das Netzwerk. Außerdem sind absolut genaue Distanzinformationen nicht immer relevant. In dem Beispiel von Abbildung 2 ist eine feine Granularitätsebene zu erkennen. Die Entfernung der Drucker ist bis auf den Meter genau angegeben. Es wäre aber auch denkbar die Granularität gröber zu gestalten und die Räume dafür in Zonen einzuteilen. Dies ist vor allem bei Anwendungen außerhalb von Gebäuden sinnvoll. Zum Beispiel lässt sich in einer Anwendung für Touristen die Stadt nach Stadtteilen und der dazugehörigen Entfernung in Kilometern darstellen.

Eine Herausforderung bei der Darstellung von Informationen ist, eine informative und gleichzeitig angenehme und lesbare Benutzeroberfläche für den Anwender zu schaffen. Die Interaktion von Anwendungen mit Kartendiensten wie Google Maps[2] hat dabei in den letzten Jahren einen entscheidenden Schritt in Richtung Benutzerfreundlichkeit gemacht.

B. Contextual information

Lässt man Abfragen über kontextuelle Informationen laufen, liefern diese abhängig vom Kontext verschiedene Ergebnisse zurück. Die bevorzugten und gewöhnlichen Tätigkeiten von Anwendern können aufgrund der Situation, in denen sie sich gerade befinden, oftmals gut vorhergesagt werden. Diese Tatsache machen sich Anwendungen dieser Kategorie zu Nutze. Es gibt vorhersehbare Dinge, die ein Anwender erledigt, wenn dieser sich beispielsweise in der Küche befindet. Dort kann man Kaffee kochen oder Zeitung lesen. Im Büro beispielsweise pflegt der Anwender seinen Kalender und macht Notizen zu bevorstehenden Aufgaben. Der ParcTab[3] PDA des Anwenders verfügt dazu über einen Explorer, der sich als ein ortsabhängiges Dateisystem beschreiben lässt. Dieser stellt dem Anwender Daten zur Verfügung parametrisiert nach dessen aktuellen Aufenthaltsort. Dadurch werden in diesem Beispiel Ordner bzw. Verzeichnisse nach Orten benannt. In jenen Ordnern sind dann Dateien, Anwendungen und Verweise vorhanden. Wechselt der Anwender mit seinem PDA das Büro, um mit einem Kollegen zu kommunizieren, verändert sich der Dateiexplorer entsprechend der Ordnernamen in die Bezeichnung des neuen Raumes. Im Ordner selber sind dann die freigegebenen Kalendereinträge und Notizen des Kollegen zu finden. In der Nähe der Küche würde ein Ordner Informationen zum Aufenthaltsort von Kaffeebohnen enthalten. Außerhalb des Bürokomplexes findet der Anwender in den Ordnern relevante Informationen über die Umgebung, in der er sich gerade befindet. Ein Beispiel sind hier Daten zu aktuellen öffentlichen Veranstaltungen oder eine generelle Beschreibung des Ortes bzw. der Stadt. Der Inhalt der Ordner ist durch die Anwender selbst schreib- und veränderbar. Jeder autorisierte Anwender kann so benutzerspezifische Daten hinzufügen. Ein Beispiel dafür ist das Hinterlassen einer Mitteilung für Kollegen in dem Ordner, der für das persönliche Arbeitsbüro des Anwenders steht.

Eine weitere Anwendung, die sich kontextuelle Informationen zu Nutzen macht, ist Scoreboard [10]. Diese Anwendung läuft zusammen mit großen LCD oder Plasma Monitoren und an einem öffentlichen Platz positioniert sind. Durch Sensoren werden Personen festgestellt, die sich in der Nähe der Monitore befinden. Die Anwendung erstellt

---

[2] http://www.google.com/mobile/maps/
[3] Vgl. hierzu [21], [22].

daraufhin eine Verbindung zu dem mitgeführten PDA und liest besondere Interessen des Anwenders aus. Dazu hat der Anwender bereits auf seinem PDA ein Benutzerprofil eingerichtet. Mit Kenntnis dieser Informationen werden dem Anwender dann zum Beispiel die aktuellen Ergebnisse der Fußball Bundesliga angezeigt. Erwähnenswert ist, dass Mark Weiser in seinem Artikel schon im Jahr 1991 ein solches mögliches Szenario beschrieb [10].

Kontextuelle Informationen stellen aber auch eine Herausforderung dar. Unternehmen und Werbeagenturen könnten eine Vielzahl von Personen mit ihren Produktinformationen erreichen, indem sie kontextuelle Informationen in öffentliche Verzeichnisse ablegen (vgl. ParcTab Explorer). Nicht jeder potentielle Neukunde möchte dies. Außerdem wäre eine Überflutung mit Werbung die Folge. Deshalb müssen Administratoren solcher Verzeichnisse die Glaubwürdigkeit und Sicherheit der Informationen sicherstellen. Des Weiteren müssen die persönlichen Dateien, wie Notizen, vor Fremdzugriff durch zum Beispiel unerlaubte Änderungen geschützt werden.

VI. ALTERNATIVEN ZUR KLASSIFIZIERUNG VON KONTEXTSENSITIVEN ANWENDUNGEN

In der Wissenschaft finden sich noch weitere Ansätze zur Einteilung der Kategorien von kontextsensitiven Anwendungen. Zwei davon werden in diesem Kapitel vorgestellt. Dabei wird weiterhin versucht den Fokus auf die kontextuellen Informationen zu legen.

A. Jason Pascoe

Einen neueren Klassifikationsansatz liefert Jason Pascoe [11]. Die Absicht seiner Arbeit ist, die Haupteigenschaften der Kontextsensitivität im Allgemeinen zu identifizieren und vorzustellen. Im Gegensatz dazu steht die Klassifizierung von diesen Anwendungen bei Schilit et al [8], die im Kapitel IV vorgestellt wurde. Pascoe schlägt ebenfalls vier Kategorien vor. Es handelt sich dabei um: 1. Contextual sensing, 2. Contextual adaption, 3. Contextual resource discovery, 4. Contextual augmentation.

Diese Klassifizierung ist ähnlich und überschneidet sich laut Dey und Abowd [2] zu großen Teilen mit der nach Schilit et al. Der wesentliche Unterschied besteht darin, dass die „contextual commands" von Schilit et al. nicht äquivalent abgebildet sind. Umgekehrt ist die „contextual augmentation" von Pascoe nicht bei Schilit et al. zu finden. Abbildung 3 verdeutlicht diesen Zusammenhang.

B. Contextual Sensing

Die Eigenschaft contextual sensing wird dabei mit der Kategorisierung der proximate selection und contextual information verglichen. Beim contextual sensing handelt es sich um die Fähigkeit kontextuelle Informationen festzustellen und dem Anwender in einer geeigneten Art und Weise zu präsentieren. Dabei wird auf das sensorische System des mobilen Gerätes zurückgegriffen. Dies entspricht genau der proximate selection außer der Tatsache, dass der Anwender nicht manuell ein Objekt für weitere Informationen auswählen muss. Zum Beispiel kann dem Anwender mit Hilfe eines Global Positioning System (GPS) [12] Sensors sein aktueller

Aufenthaltsort auf einer Karte angezeigt werden. Der Unterschied ist demnach die Darstellung relevanter Informationen für den Anwender. Nach Pascoe´s Ansicht werden diese einschließlich des dazugehörigen Kontexts angezeigt und nicht nur als Auflistung, die eine Auswahl erfordert.

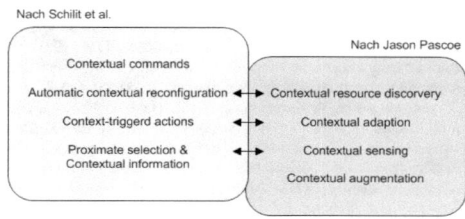

Abbildung 3: Überschneidung in den Klassifizierungen in Anlehnung nach Schilit et al. [8] und Pascoe [11]

C. Dey und Abowd

In ihrer Arbeit fordern Dey und Abowd [2] erst einmal die Abschaffung der Trennung zwischen Informationen und Diensten. Die Unterscheidung ist oft schwierig, da die Grenzen fließend sind und nicht klar abgesteckt werden können. Als Beispiel wird die Ausarbeitung von Schilit et al. herangezogen. Diese sagt aus, dass die Darstellung der Drucker (Abbildung 2) eine Information für den Anwender ist. Es kommt aber immer auf das Nutzungsverhalten des Anwenders an, ob es sich hierbei eventuell doch um einen Dienst handelt. Falls der Anwender die Liste nur dazu benutzt, um alle möglichen Drucker in seiner Umgebung anzuschauen, ist es tatsächlich eine Information. Sobald der Anwender aber einen Drucker auswählt, um sein Dokument zu drucken, nutzt er einen Dienst. Daraus resultierend bestimmen Dey und Abowd drei verschiedene Funktionalitäten, die von einer kontextbasierten Anwendung unterstützt werden können:
1. Presentation of information and services to a user
2. Automatic execution of services
3. Tagging of context to information for later retrieval

Der erste Punkt (Präsentation von Informationen und Diensten gegenüber dem Anwender) ist als eine Kombination von „proximate selection" and „contextual commands" nach Schilit et al. definiert. Dazu wurde Pascoe's Vorstellung der Kontext Darstellung hinzugefügt. Diese sagt aus, den Kontext als einen Teil der Information für den Anwender darzustellen (vgl. GPS Beispiel Unterkapitel B).

In einem Überblick über vierzehn verschiedene Arbeiten zu kontextbasierten Anwendungen stellen Dey und Abowd [2] fest, dass zehn Anwendungen die erste Funktionalität unterstützen. Die anderen beiden Funktionalitäten werden jeweils von sechs Anwendungen unterstützt. Der Schwerpunkt in existierenden Anwendungen liegt demnach auf der Präsentation von Informationen und Diensten.

VII. Kontextsensitive Anwendungen

In diesem Teil der Arbeit werden drei existierende Forschungsprojekte zu kontextsensitiven Anwendungen genauer vorgestellt. Dabei wird der benutzte Kontext sowie die Nutzung von kontextuellen Informationen beleuchtet.

A. Cyberguide

Bei Cyberguide[4] handelt es sich um eine Entwicklung vom College of Computing Georgia Institute of Technology, die von 1995 bis 1997 durchgeführt wurde. Das Ziel der Entwicklung war ein mobiler Touristenführer, der dem Anwender kontextuelle Informationen in Abhängigkeit von dessen aktueller Position bereitstellt. Dazu sollten weitere Funktionalitäten des Cyberguides implementiert werden: Vorschlagen von Sehenswürdigkeiten, die zu den persönlichen Präferenzen des Anwenders passen; Sehenswürdigkeiten anzeigen die andere Anwender bereits besucht und kommentiert haben; Erkennen der Position von anderen Anwendern. Hierfür wurde eine kontextbasierte Anwendung auf Basis einer bereits vorhandenen Hardware-Plattform realisiert. Dieselbe Hardware wurde schon für das ParcTab Projekt[5] des Xerox Parc verwendet. Anfangs beschränkte man sich auf die Anwendung in Innenräumen. Später folgte dann die Erweiterung auf Außenbereiche, andere Hardware-Plattformen, bessere Kommunikationsanbindung und benutzerfreundlichere Interaktionsmöglichkeiten.

Cyberguide enthielt in der ersten Entwicklungsstufe vier unabhängige Komponenten: Map Module, Information Module, Communication Module, Position Module. Diese Komponenten wurden dabei über verschiedene Entwicklungsstufen hinweg verändert und verbessert. Ein Vorteil ist dabei, dass diese Komponenten unabhängig voneinander ausgetauscht werden können, ohne den Betrieb des Cyberguide zu gefährden.

1. Map Module: Die Aufgabe der Kartenkomponente ist die Bereitstellung von Karten, mit denen sich der Anwender in der gerade befindlichen Umgebung zurechtfinden kann. Die verwendeten Karten können dabei in verschiedenen Detailstufen angezeigt werden. Ein kleines Symbol zeigt dem Anwender seinen aktuellen Standort an. Das Map Module nutzt hierfür die ermittelten Informationen des Position Module.

2. Information Module: Durch die Informationskomponente werden relevante Informationen zu Beispielsweise Ausstellungsstücken oder Räumlichkeiten, die der Anwender betrachtet, zur Verfügung gestellt. Diese kontextuellen Informationen (vgl. Kapitel V) werden bei der Aktivierung dieser Objekte von Interesse auf der Karte angezeigt. In Abbildung 4 ist die Benutzeroberfläche der beiden Module auf einem PDA dargestellt.

3. Communication Module: Die Kommunikationskomponente ermöglicht die Kontaktaufnahme mit Entwicklern, Ausstellern bzw. Museen oder anderen Cyberguide Anwendern. Dazu werden folgende

Funktionalitäten bereitgestellt: Senden und Empfangen von E-Mails, Drucken von Dokumenten, Anzeigen von HTML-Seiten und Kommunikation mit anderen Anwendern zum Beispiel über einen Fragebogen.

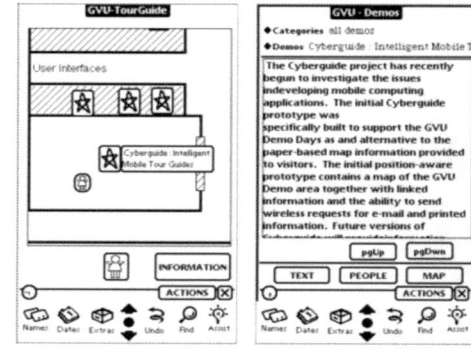

Abbildung 4: Map Module (links) und Information Module (rechts) des Cyberguides, Quelle: [13]

4. Position Module: Um den gegenwärtigen Standort des Anwenders zu bestimmen, wird die Positionskomponente eingesetzt. Dabei wurde die Ortung bei den Prototypen innerhalb von Räumen mittels Infrarotsignalen realisiert. Im Außenbereich (Abbildung 5) kommt hingegen GPS [12] zum Einsatz. Mit dieser Ortung können die einzelnen Reiserouten der Anwender aufgezeichnet werden. Durch diese kann das System dann Interessensgebiete des Anwenders erkennen und zum Beispiel ähnliche Ausstellungsstücke empfehlen.

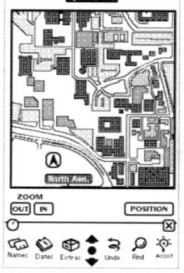

Abbildung 5: Cyberguide für den Außenbereich (links) mit GPS Empfänger (rechts), Quelle: [13]

---

[4] Vgl. hierzu [13], [23].
[5] Vgl. hierzu [21], [22].

B. Personal Airport Display

Das nächste hier vorgestellte Forschungsprojekt wurde an der University of Cambridge von Toye et al. [14] entwickelt. Diese Ausarbeitung wurde dabei durch McCarthy's et al. [15] Arbeit zu proaktiven Bildschirmen inspiriert. Das Personal Airport Display ist ein großer Plasmabildschirm, der an einer Wand in einem Flughafen angebracht ist. Es handelt sich um ein Interaktionssystem, welches dem Anwender bestimmte Informationen und Dienste zu Verfügung stellt. Diese werden durch sein mobiles Gerät abgerufen. Eine ähnliche Funktionalität beschreibt die bereits erwähnte Anwendung Scoreboard [10] von Mark Weiser.

Das Personal Airport Display kann von verschiedenen Anwendern für einen jeweils individuell auf sie abgestimmten Dienst genutzt werden. Im Ausgangszustand wird auf dem Bildschirm eine Slideshow mit beispielsweise Urlaubsbildern abgespielt. Die Interaktion zwischen dem Personal Airport Display und Anwender funktioniert mittels Visual Tags [16]. Dazu bietet ein Visual Tag mit der Bezeichnung „Login" den Einstieg in die Interaktion und die Nutzungsmöglichkeiten des Bildschirmes. Um die Visual Tags zu verwenden, benötigt der Anwender den Mobile Service Explorer [17] auf seinem mobilen Gerät. Der Mobile Service Explorer läuft nach der Installation als Client auf dem mobilen Gerät. Der eigentliche Service läuft als Serveranwendung auf dem Personal Airport Display. Der Mobile Service Explorer stellt mittels Bluetooth [18] eine Verbindung vom mobilen Gerät zum Server her, über die dann Informationen übertragen werden. Das mobile Gerät muss neben Bluetooth auch eine Kamera besitzen.

Sobald der Anwender die Software startet, verwandelt sich der Bildschirm seines mobilen Gerätes in einen Sucher, mit dem die Visual Tags anvisiert werden können. Wird ein Visual Tag gefunden, erscheint dieser rot markiert im Sucher und lässt sich mit einem Tastendruck aktivieren. Dadurch wechselt der Personal Airport Display in den „Personalised State". Hier werden dem Anwender benutzerspezifische Informationen und Interaktionsmöglichkeiten angeboten.

Verwendet ein Anwender diesen Dienst zum ersten Mal, wird dieser Fall durch das Personal Airport Display erkannt. Anhand eines persönliches Benutzerprofiles, das der Anwender bei der Anmeldung sendet, wird dieser identifiziert. Im Folgendem wir der Anwender gebeten die gewünschte Fluggesellschaft und Flugnummer einzugeben. Die Fluggesellschaft lässt sich ebenfalls durch das Aktivieren eines Visual Tags aus einer angezeigten Liste am Display auswählen. Die Flugnummer hingegen wird über die Tastatur des mobilen Gerätes eingetippt.

Hat der Anwender einen Flug ausgewählt, zeigt ihm das Personal Airport Display die dazu passenden kontextuellen Informationen an (Abbildung 6). Diese sind zum Beispiel: der Flugstatus (delayed, gate open), die Ankunfts- und Abflugzeit, die Nummer des Gates, eine Wegbeschreibung vom aktuellen Standort des Anwenders zum Gate mit Hilfe einer Karte und die dazugehörige geschätzte Wegdauer.

Dadurch wird noch mal ein großer Vorteil von kontextueller Information ersichtlich, den ein Anwender hat. Im Vergleich mit einer gewöhnlichen Anzeigetafel auf dem Flughafen sind die angezeigten Daten des Personal Airport Display exakt auf den jeweiligen Anwender zugeschnitten. Dem Anwender werden ausschließlich die für seinen Flug relevanten Daten angezeigt. Im Gegensatz zu einer Tafel für die Allgemeinheit ist dies deutlich ausführlicher und informativer. Dort muss man bislang Daten von zwanzig Flügen unterbringen.

Einen Anwender der bereits einmal angemeldet war, identifiziert das System aufgrund der gespeicherten Daten aus seinem mobilen Gerät. Deshalb muss er beispielsweise seine Flugdaten nicht erneut eintragen. Das funktioniert auch, wenn auf einem Flughafen mehrere Personal Airport Displays verfügbar sind und der Anwender sich in deren Folge auf unterschiedlichen Displays anmeldet.

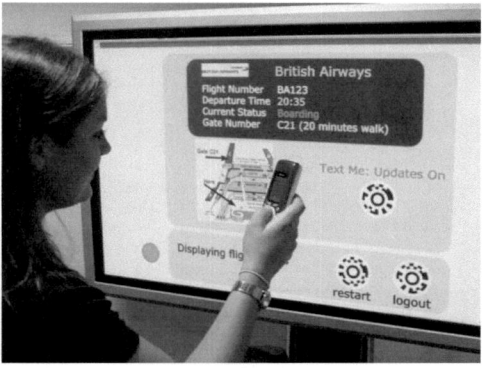

Abbildung 6: Anzeige der Kontextuellen Information beim Personal Airport Display, Quelle: [14]

Einen weiteren Vorteil für den Anwender liefert das System durch automatische Benachrichtigungen auf das mobile Gerät mittels „text message update". Hier wird bei besonders wichtigen Informationen automatisch eine SMS an den Anwender gesendet. Um diese Funktion zu nutzen, muss der Benutzer seine Telefonnummer nicht eingeben. Diese wird automatisch bei der ersten Anmeldung durch das Personal Airport Display ausgelesen. Auch kann das auf dem mobilen Gerät gespeicherte persönliche Benutzerprofil dazu verwendet werden die multilinguale Benutzeroberfläche zu konfigurieren. Das Display erkennt automatisch welche Sprache der Anwender spricht und passt sich automatisch an ihn an.

C. comMotion

Abschließend in diesem Kapitel wird noch ein drittes Forschungsprojekt vorgestellt. ComMotion [19] ist eine ortssensitive Anwendung, die mit kontextuellen Informationen arbeitet. Dazu werden ToDo-Listen für den Anwender erstellt und auf bestimmte Orte, die dieser häufig aufsucht, verwiesen. Zum Beispiel kann die Einkaufsliste mit dem Lebensmittelgeschäft verbunden werden. Aber auch Notizen und Just-in-time-Informationen werden durch das System angeboten. In der Bibliothek sieht der Anwender mit comMotion alle empfohlenen Bücher von Freunden. Auf dem Weg zum Arbeitsplatz wird an das wichtige Meeting am

Nachmittag erinnert. Diese Notizen können auch durch andere Anwender an eine bestimmte Position gelegt werden. Dies kann innerhalb der Anwendung selbst oder per E-Mail geschehen. Der Anwender von comMotion soll nur jene Informationen bekommen, die zu einem bestimmten Zeitpunkt und an einem bestimmten Ort von Interesse sind. Eine ähnliche Funktionalität wird beim ParcTab PDA Explorer [8] (Kapitel V) beschrieben.

Neben den dynamischen, anwenderabhängigen Daten verfügt comMotion, ähnlich wie bei Cyberguide, über anwenderunabhängige, vordefinierte Informationen. Dazu gehören zum Beispiel Karten und Ortinformationen.

Die Anwendung benutzt für die Ortung des Anwenders das Global Positioning System (GPS) [12]. Technisch basiert comMotion auf einer Client-Server-Architektur. Der Client besteht aus drei Modulen: Location Learning Agent, Message Engine und Query Engine. Die Client-Anwendung auf dem mobilen Gerät des Anwenders kommuniziert dabei mit dem über das Internet erreichbaren Server. Die Aufgaben der Module lassen sich wie folgt beschreiben:

1. Location Learning Agent - Der Location Learning Agent steht zu Beginn der Interaktion zwischen Anwender und comMotion. Er dient dazu das Bewegungsverhalten des Anwenders zu erlernen. Sobald der Anwender dreimal an einem gleichen Ort von der Anwendung registriert wurde, wird er aufgefordert, diesen mit einer virtuellen Bezeichnung zu versehen. Falls dieser Ort nicht zu der gewohnten Umgebung des Anwenders gehört, zum Beispiel in einer Urlaubssituation, kann diese Aufforderung auch ignoriert werden. Die satellitenbasierten GPS-Koordinaten werden somit in für Anwender verständliche, symbolische Ortsbezeichnungen, wie zum Beispiel „Schule" oder „Arbeitsplatz", übersetzt, die jedoch nur für den jeweiligen Anwender verständlich und unterscheidbar sind. Nachdem ein Ort spezifiziert wurde, wird eine neue ToDo-Liste mit diesen Ort verknüpft. Aber auch eine bereits im System vorhandene ToDo-Liste kann vom Anwender für diesen Ort ausgewählt werden. Als Elemente in einer solchen ToDo-Liste können Text- und Sprachdateien verwendet werden. Abbildung 7 zeigt ein solches Beispiel:

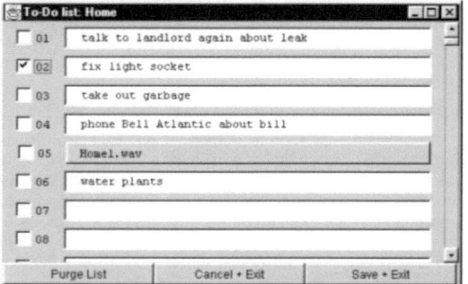

Abbildung 7: ToDo-Liste von comMotion mit Text und Audio Einträgen, Quelle: [19]

2. Message Engine: Trifft der Anwender an einem virtuellen Ort ein, wird ihm über die Message Engine mitgeteilt, ob Informationen zu diesem Ort vorhanden sind. Zum Beispiel wird auf eine ToDo-Liste mit offenen Einträgen durch einen Warnton hingewiesen. Diese Informationen kann der Anwender dann manuell abrufen. Weiterhin können Informationen von internetbasierten Informationsanbietern zur Verfügung gestellt werden. Hierzu zählen zum Beispiel Nachrichten, Wettervorhersagen, Staumeldungen oder Kinovorstellungen. Diesen Abonnements können dann Orte, Wochentage und Tageszeiten zugewiesen werden. So wird dem Anwender am Freitagabend beim Verlassen des Arbeitsplatzes das aktuelle Programm der ansässigen Kinos in einem Verzeichnis seiner Wahl zu Verfügung gestellt.

3. Query Engine: Über die Query Engine wird der aktuelle Aufenthaltsort des Anwenders ermittelt. Anderer comMotion-Anwender können dazu über ihren Client oder per E-Mail Anfragen an den Anwender schicken. Damit nur autorisierte Anwender die Antwort darauf erhalten, kann ein comMotion-Anwender Berechtigungen für Orte und andere Anwender vergeben. Bei erfolgreicher Übermittlung an einen berechtigten Anwender informiert der comMotion-Client zum Beispiel mit der Nachricht „Peter ist in der Arbeit". Nicht autorisierte Anwender erhalten stattdessen eine „Peter ist zurzeit inkognito" Mitteilung. Gleichermaßen verhält es sich bei einer E-Mail Anfrage. Die Informationen sind dann im Inhalt zu finden.

VIII. HERAUSFORDERUNGEN UND AUSBLICK IN DIE ZUKÜNFTIGE ENTWICKLUNG

Datenschutz. Das Erfassen von Daten, die zu kontextuellen Informationen migriert werden, stellt eine erhebliche Hürde dar. Immer wieder werden hier sicherheitskritische Aspekte diskutiert. Nicht zuletzt als bekannt wurde, dass Apple mit seinem iPhone Ortsdaten [24] sammelt, ist die Zahl der Kritiker gestiegen. Hierdurch wird offensichtlich, dass noch viele große Unternehmen Fragen zu Sicherheit und Datenschutz außer Acht lassen. Doch um eine hohe Anwenderakzeptanz auf diesem Gebiet zu erreichen, müssen Regeln für den verantwortungsvollen Umgang mit Daten gelten. Der Anwender sollte immer Bescheid wissen, welche Informationen an die Provider übermittelt werden. Auch der Zeitpunkt der Übermittlung muss gegenzeichnet werden. Die Provider solcher Dienste müssen des Weiteren dafür sorgen, dass den Anwendern klar und verständlich erklärt wird, wie diese Daten ausgewertet und verarbeitet werden. Hierdurch hat der Anwender zum Beispiel die Möglichkeit, sein persönliches Benutzerprofil (vgl. Personal Airport Display) gemäß seinen eigenen Vorstellungen vom gläsernen Nutzer anzupassen. Für die Weitergabe an Dritte müssen die Provider eine Zustimmung des Anwenders besitzen. Aber auch technische Maßnahmen für die Sicherheit sind zu implementieren. Die übertragenen Daten müssen vor Abhörung und Manipulation geschützt werden. Den Providern ihrerseits sollte gestattet werden alle technischen Möglichkeiten in Anspruch zu nehmen, um ihre zur

Verfügung gestellten Daten vor unkontrollierter Verbreitung zu schützen. Dazu gehört zum Beispiel das Kartenmaterial.

Benutzerfreundlichkeit. Die Anwendungen, die kontextuelle Informationen darstellen, sollen das alltägliche Leben erheblich erleichtern und ausgeführte Tätigkeiten unterstützen. Der Anwender darf dabei nicht durch die Komplexität der Funktionalitäten behindert werden. Da mobile Geräte eine gewünschte kleine Bauart haben, stellt dies eine Herausforderung an die Entwickler dar. Die Präsentation der kontextuellen Informationen soll möglichst klar sein. Durch immer besser werdende Bildschirme ist dabei das Ergebnis für den Anwender angenehmer geworden. Auch die Bedienung mittels Touchscreen hat eine neue Erfahrung für den Anwender geschaffen. Dabei sollten die Entwickler auf eine natürliche und intuitive Interaktion mit dem System achten. Auf der technischen Seite sollen die Anwendungen über offene Schnittstellen und austauschbare Module verfügen (vgl. Cyberguide). Ein Umstieg der Ortung eines Anwenders von GPS [12] zu einer Alternative, soll keine Auswirkung auf die übrigen Module haben. Diese sollten unverändert weiter einsetzbar sein.

Technische Ausstattung. Mobile Geräte müssen die großen Mengen an Daten problemlos verwalten können. Ein sehr aktiver Nutzer stellt dabei hohe Anforderungen an die CPU und den Speicher. In den letzten Jahren sind hier aber Fortschritte bei neueren Geräten zu erkennen, die dieses Problem lösen. Hingegen sind Übertragungs- geschwindigkeiten von Informationen immer noch ein großes Thema. Hohe Bandbreiten sind meistens nur in Städten zu finden. Anwender in ländlichen Regionen haben keine Möglichkeiten, kontextuelle Informationen mit schneller Geschwindigkeit abzurufen. Ein weiterer Problembereich ist die kontinuierliche Ortung von Anwendern. Bei schnellen und ständigen Ortswechseln gibt es immer wieder Probleme mit beispielsweise Verbindungsabbrüchen. Auch für den Innenbereich von Gebäuden und Einrichtungen, in denen kein GPS-Signal zur Verfügung steht, muss dieser so ausgestattet sein, dass eine problemlose Ortung möglich ist.

Individualität. Wenn alle möglichen Herausforderungen beachtet und teilweise bewerkstelligt werden, bietet der Einsatz von kontextueller Information ein bisher ungeahntes Maß an Individualisierung. Gerade im heutigen digitalen Zeitalter strömen täglich Unmengen von Daten auf die Anwender zu. Durch das filtern dieser Datenflut ersteht ein immenser Vorteil für den Anwender. Zum Beispiel wird es in Zukunft im Bereich des Online Marketings kontextuelle Kampagnen [20] geben, die eine ausgewählte Zielgruppe fokussiert ansprechen können.

IX. ZUSAMMENFASSUNG

Offensichtlich gibt es bereits eine Vielzahl von Definitionen zum Thema Kontext, kontextsensitiven Anwendungen und Kategorien zu kontextsensitiven Anwendungen. Das ist einer der Hauptgründe, warum es diesem gesamten Forschungsgebiet schwer fällt, ein Standard- und Leitwerk zu schaffen. Man kann aber schnell feststellen, dass sich bestimmte Autoren durchgesetzt haben. Schilit et al. sowie Dey und Abowd haben dieses Forschungsgebiet maßgeblich

mitbestimmt. Besonders Schilit et al. haben als eine der ersten die kontextuelle Information, deren Definition und Nutzen Hauptbestandteil dieser Arbeit ist, als einzige klar erklärt und festgelegt. Deswegen wurden hier alle weiteren Überlegungen zu diesem Thema anhand ihrer Ausarbeitung angestellt. Weitere Definitionen bauen auf die Arbeit von Schilit et al. auf bzw. erweitern sie mit der Sichtweise des entsprechenden Wissenschaftlers. Durch die in diesem Dokument vorgestellten Anwendungen, kann man klar den Vorteil erkennen, den Anwender mit kontextuellen Informationen haben. Alle drei Anwendungen erfüllen die in der Definition festgelegten Anforderungen. Dazu kommt es sogar zu bemerkenswerten Überschneidungen der Funktionalität, die Schilit et al. beschrieben haben. Wenn alle Herausforderungen gemeistert werden, sind kontextuelle Informationen ein interessantes Thema für die Zukunft.

REFERENZEN

[1]   G. Chen and D. Kotz, "A Survey of Context-Aware Mobile Computing Research," *Time Dartmouth Computer Science Technical Report*, 2000, pp. 1-16.

[2]   A.K. Dey and G.D. Abowd, "Towards a Better Understanding of Context and Context-Awareness," *CHI 2000 workshop on the what who where when and how of contextawareness*, vol. 4, 1999, pp. 1-12.

[3]   *Duden - Deutsches Universalwörterbuch: Das umfassende Bedeutungswörterbuch der deutschen Gegenwartssprache*, Bibliographisches Institut, Mannheim, ISBN: 9783411055074, 2011.

[4]   B. Schilit and M. Theimer, "Disseminating Active Map Information to Mobile Hosts," *IEEE Network*, vol. 8, 1994, pp. 22-32.

[5]   P.J. Brown, J.D. Bovey, and X. Chen, "Context-Aware Applications: From the Laboratory to the Marketplace," *Personal Communications, IEEE*, vol. 4, 1997, p. 58–64.

[6]   D. Franklin and J. Flachsbart, "All gadget and no representation makes Jack a dull environment," *AAAI Technical Report SS-98-02*, 1998, pp. 155-160.

[7]   P.J. Brown, "The stick-e document: a framework for creating context-aware applications," *ELECTRONIC PUBLISHING*, vol. 9, 1995, p. 259–272.

[8]   B. Schilit, N. Adams, and R. Want, "Context-Aware Computing Applications," *IEEE Workshop on Mobile Computing Systems and Applications*, 1995, pp. 85-90.

[9]   R. Hull, P. Neaves, and J. Bedford-Roberts, "Towards Situated Computing," *IEEE Digest of Papers. First International Symposium on Wearable Computers*, 1997, pp. 146-153.

[10] M. Weiser, "The computer for the 21st Century," *IEEE Pervasive Computing*, vol. 99, Jan. 2002, pp. 19-25.

[11] J. Pascoe, "Adding Generic Contextual Capabilities to Wearable Computers," *ISWC 98 Proceedings of the 2nd IEEE International Symposium on Wearable Computers*, vol. 44, 1998, pp. 92-99.

[12]   E. Kaplan and C. Hegarty, *Understanding GPS: Principles and Applications Second Edition ISBN 1-58053-894-0*, 2008.

[13]   G. Abowd, C. Atkeson, J. Hong, S. Long, R. Kooper, and M. Pinkerton, "Cyberguide: A mobile context-aware tour guide," *Wireless Networks*, vol. 3, 1997, pp. 421-433.

[14]   E. Toye, A. Madhavapeddy, R. Sharp, D. Scott, A. Blackwell, and E. Upton, "Using camera-phones to interact with context-aware mobile services," *Technical Report University of Cambridge Computer Laboratory*, 2004, pp. 1-23.

[15]   J.F. McCarthy, D.W. McDonald, S. Soroczak, D.H. Nguyen, and A.M. Rashid, "Augmenting the Social Space of an Academic Conference," *Proceedings of the 2004 ACM conference on Computer supported cooperative work - CSCW '04*, 2004.

[16]   J. Rekimoto and Y. Ayatsuka, "CyberCode: Designing Augmented Reality Environments with Visual Tags," *ACM Proceedings of DARE 2000 on Designing augmented reality environments*, 2000, p. 1–10.

[17]   E. Toye, R. Sharp, a Madhavapeddy, and D. Scott, "Using Smart Phones to Access Site-Specific Services," *IEEE Pervasive Computing*, vol. 4, Apr. 2005, pp. 60-66.

[18]   J. Haartsen, "Bluetooth-The universal radio interface for ad hoc, wireless connectivity," *Ericsson Review*, vol. 3, 1998, p. 110–117.

[19]   N. Marmasse and C. Schmandt, "Location-aware information delivery with comMotion," *HUC '00 Proceedings of the 2nd international symposium on Handheld and Ubiquitous Computing*, 2000.

[20]   "http://www.semmarketing.de/2011/04/google-verbessert-das-kontextuelle-targeting-im-display-netzwerk/ Stand: 21.04.2011."

[21]   B. Schilit, N. Adams, R. Gold, M. Tso, and R. Want, "The PARCTABMobile Computing System," *Proceedings Fourth Workshop on Workstation Operating Systems IEEE*, 1993, pp. 1-4.

[22]   R. Want, B. Schilit, N. Adams, R. Gold, K. Petersen, D. Goldberg, J. Ellis, and M. Weiser, "An Overview of the ParcTab Ubiquitous Computing Experiment," *IEEE Personal Communications*, vol. 2, 1995, pp. 28-43.

[23]   S. Long, R. Kooper, D. Abowd, and G. Atkeson, "Rapid Prototyping of Mobile Context-Aware Applications : The Cyberguide Case Study," *MobiCom '96 Proceedings of the 2nd annual international conference on Mobile computing and networking*, 1996, pp. 97-107.

[24]   „http://www.spiegel.de/netzwelt/gadgets/0,1518,758467,00.html Stand: 21.04.2011"